CITY COLORING BOOK

THIS BOOK BELONGS TO

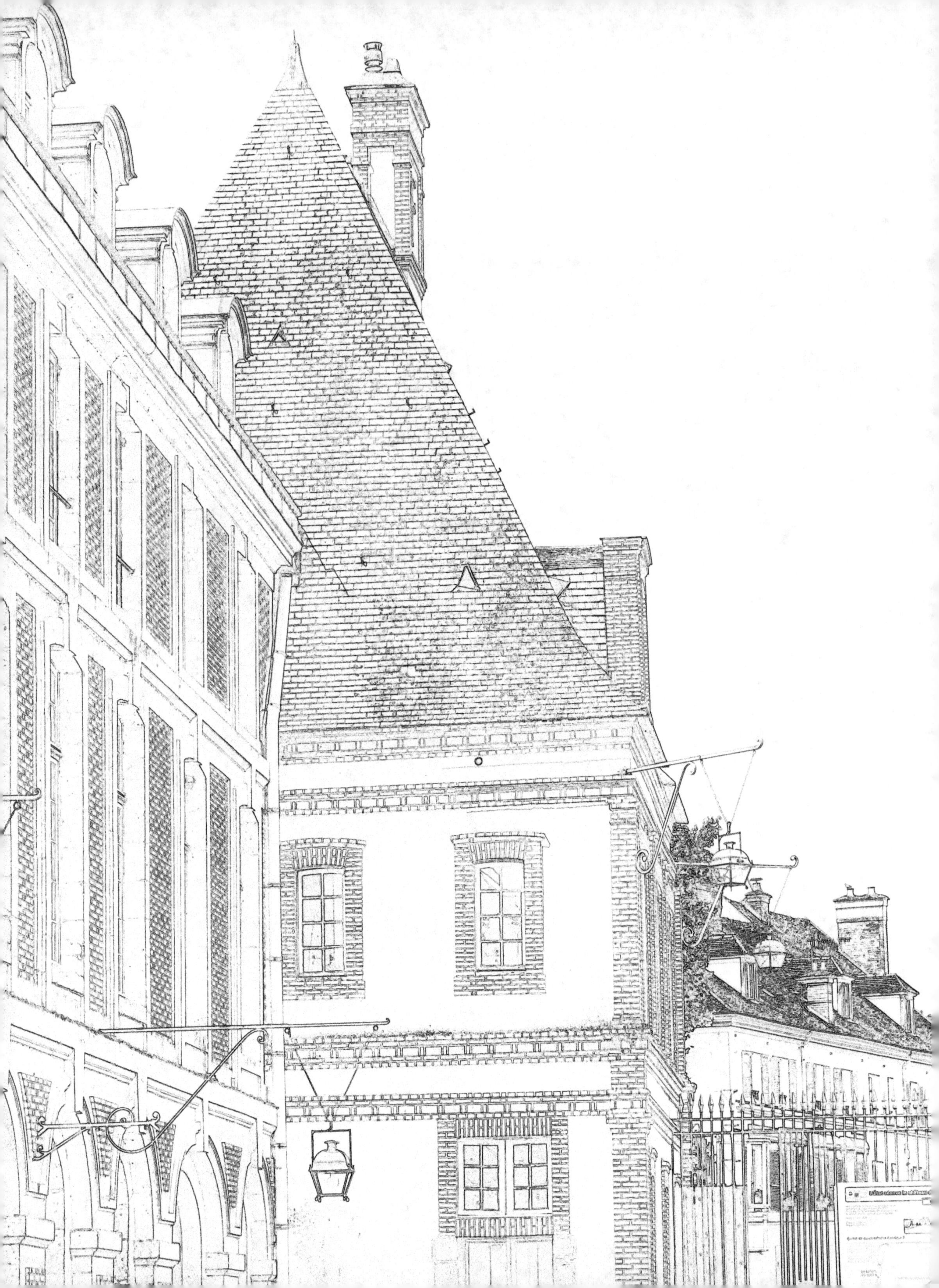

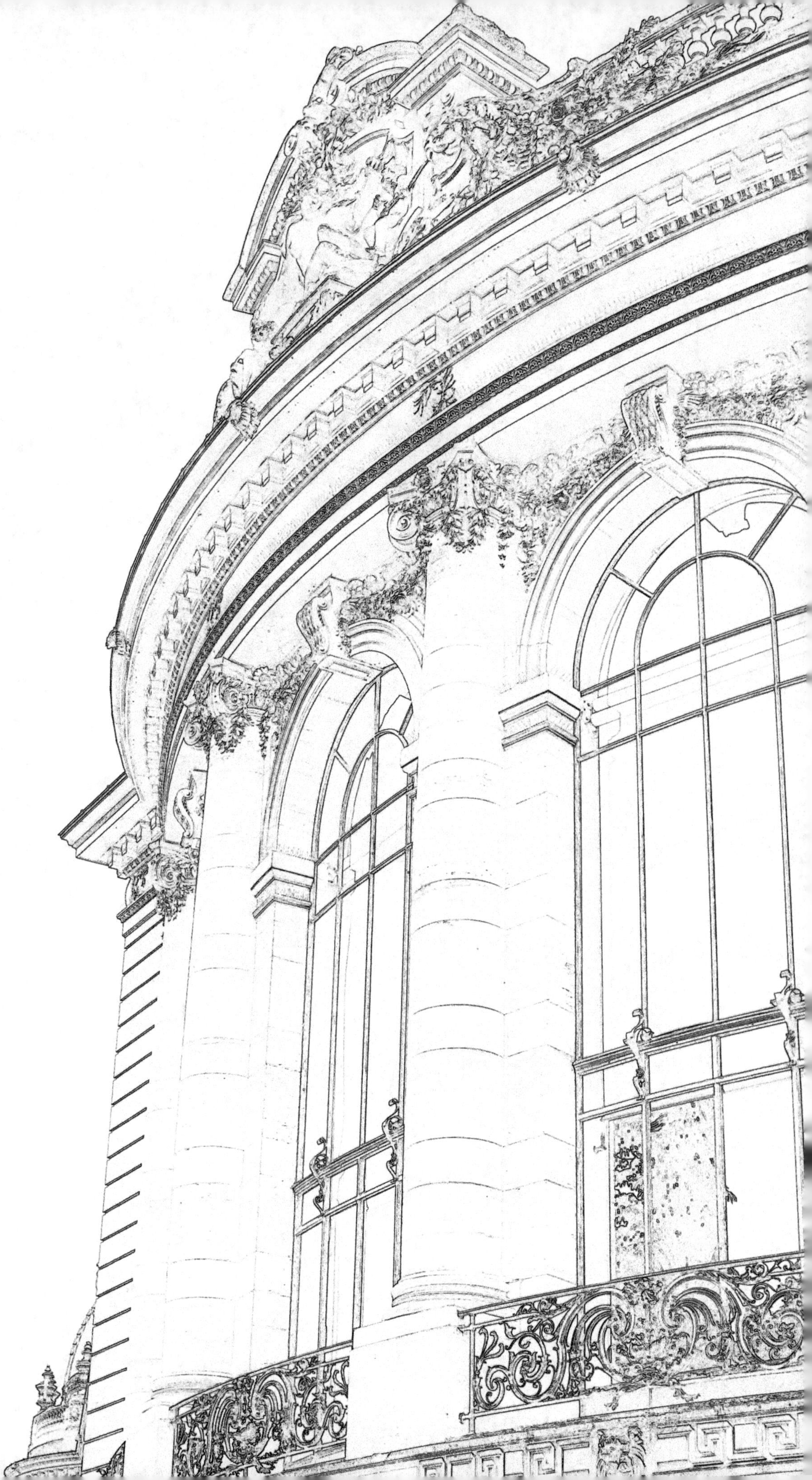

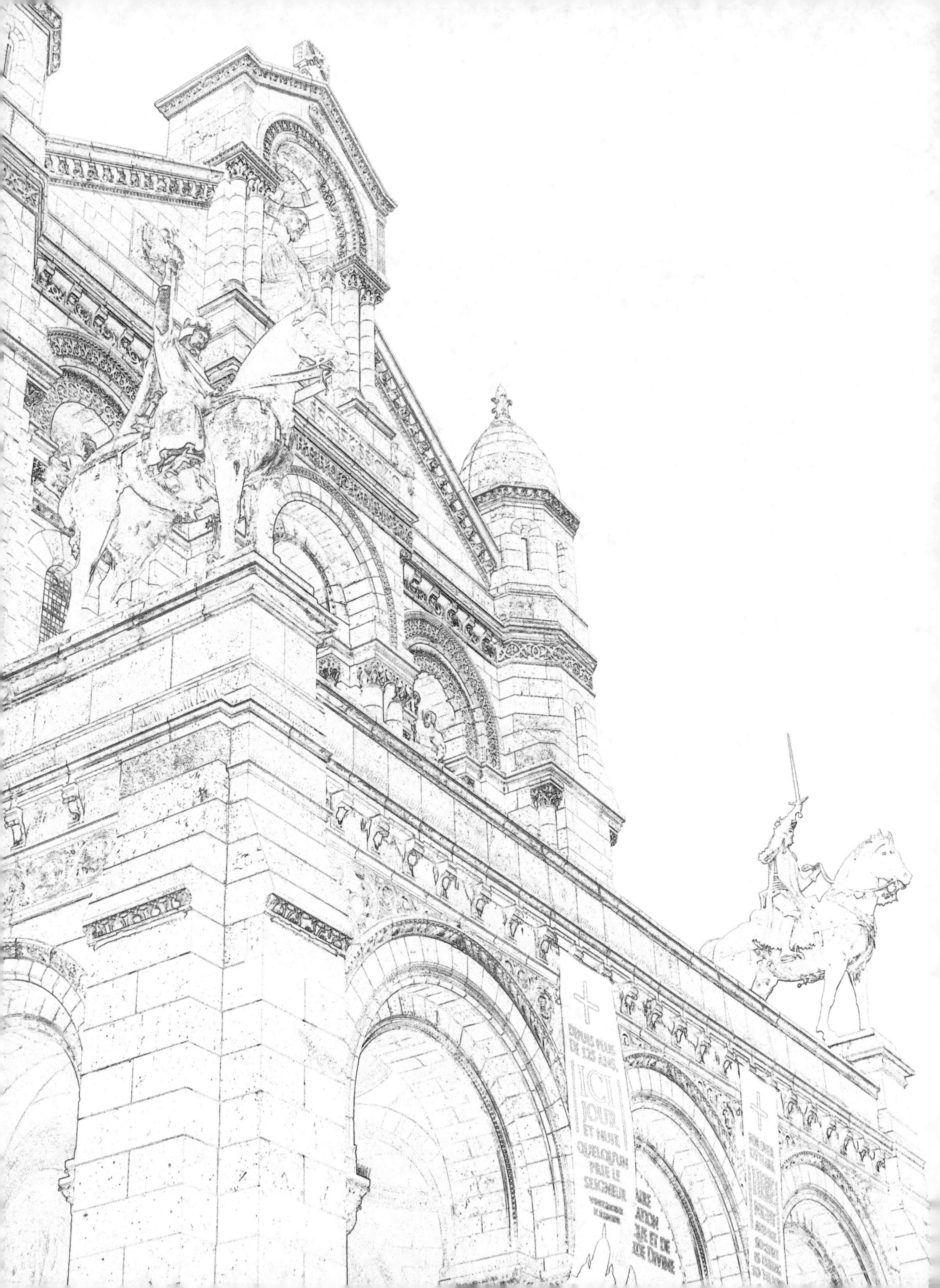
DEPUIS PLUS DE 125 ANS,
ICI
JOUR
ET NUIT,
QUELQU'UN PRIE LE SEIGNEUR

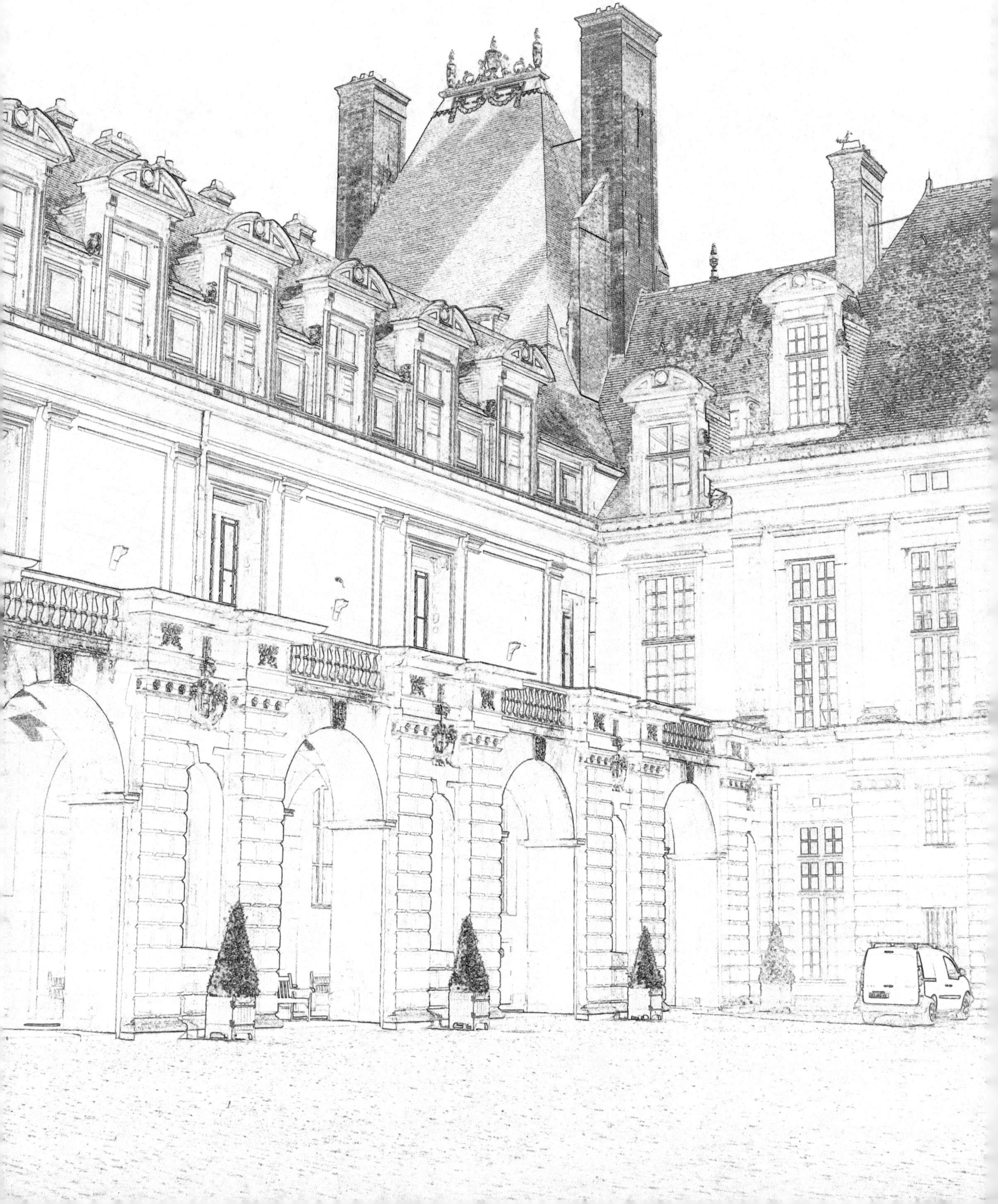

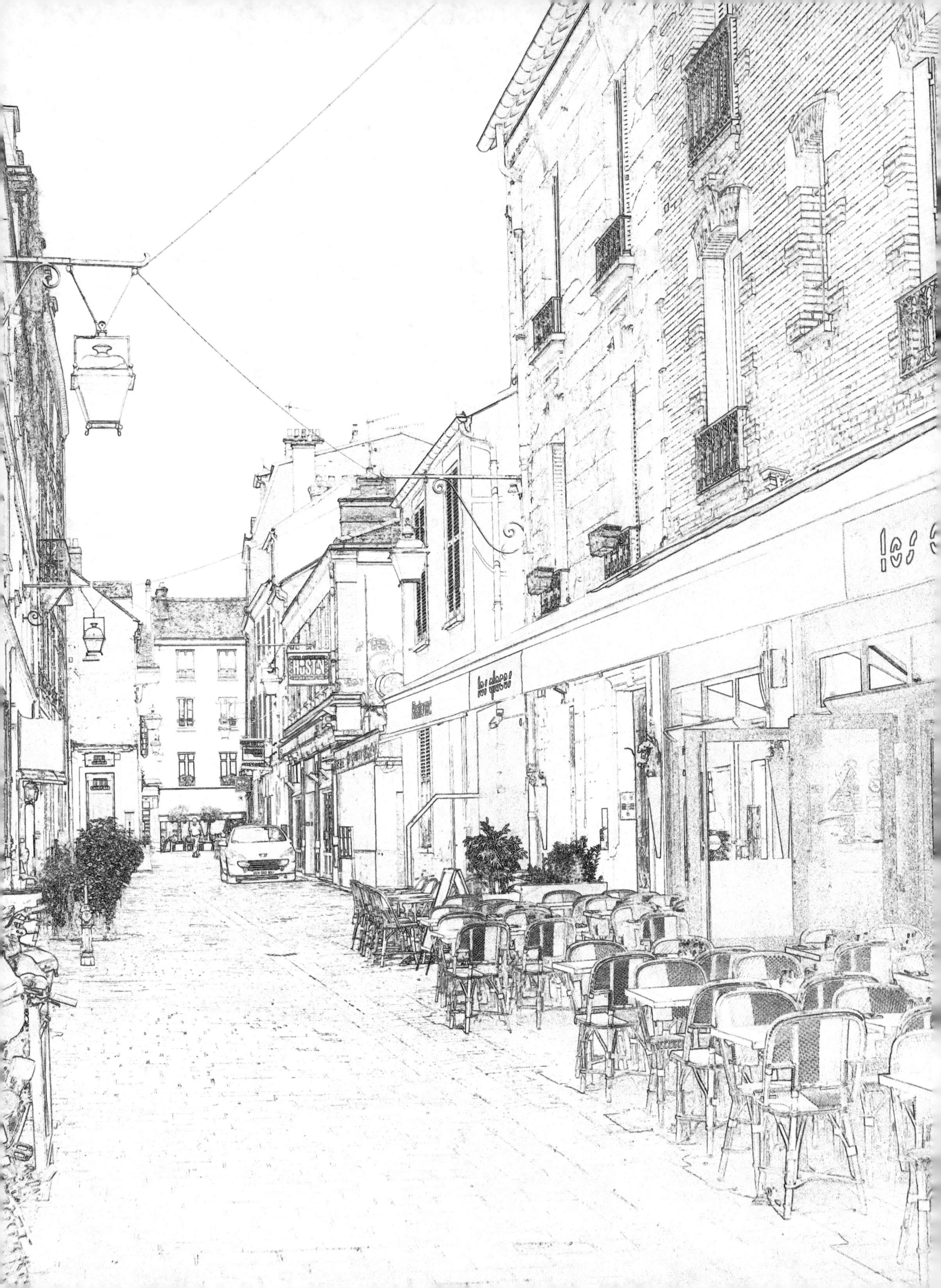

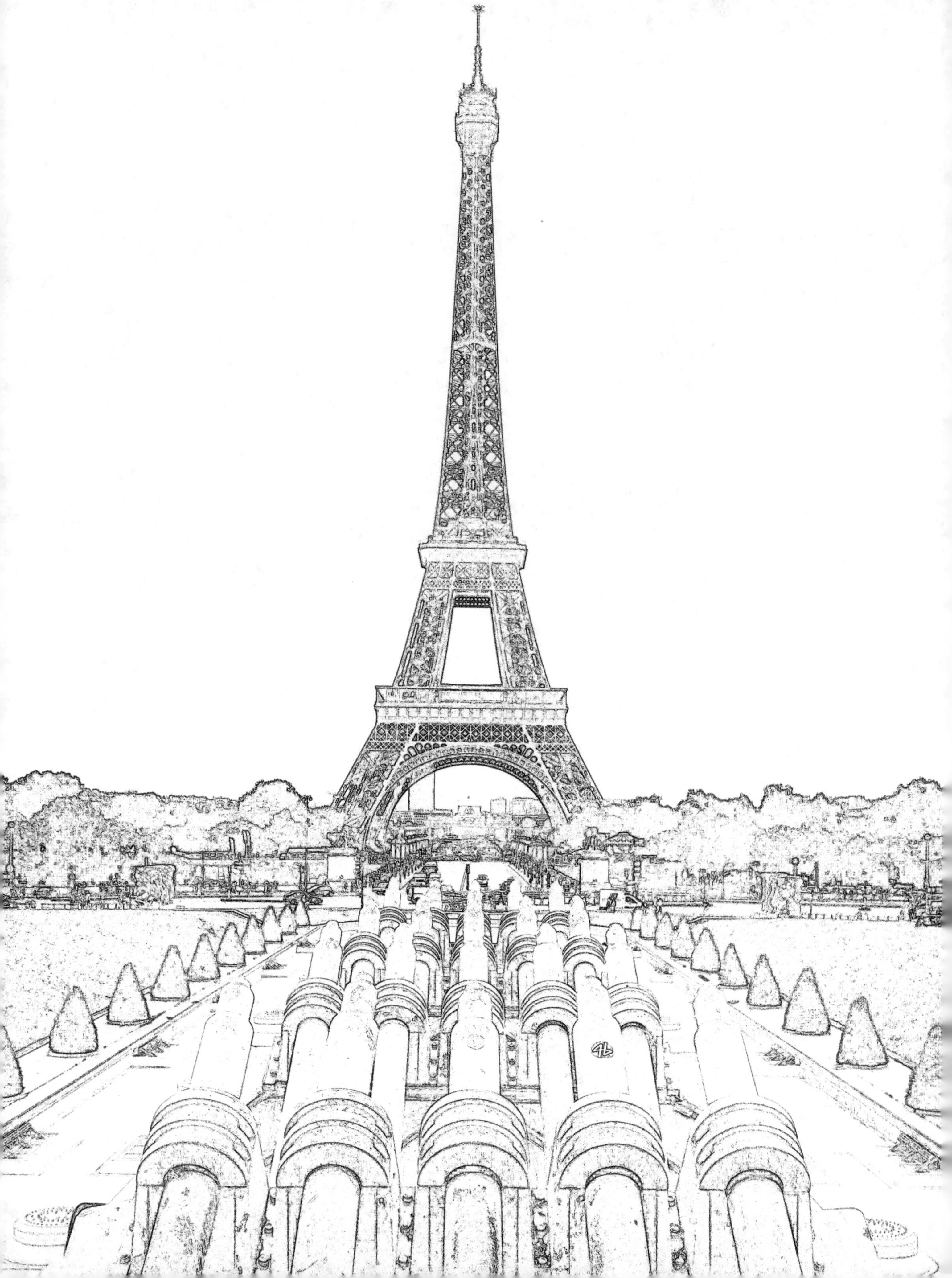

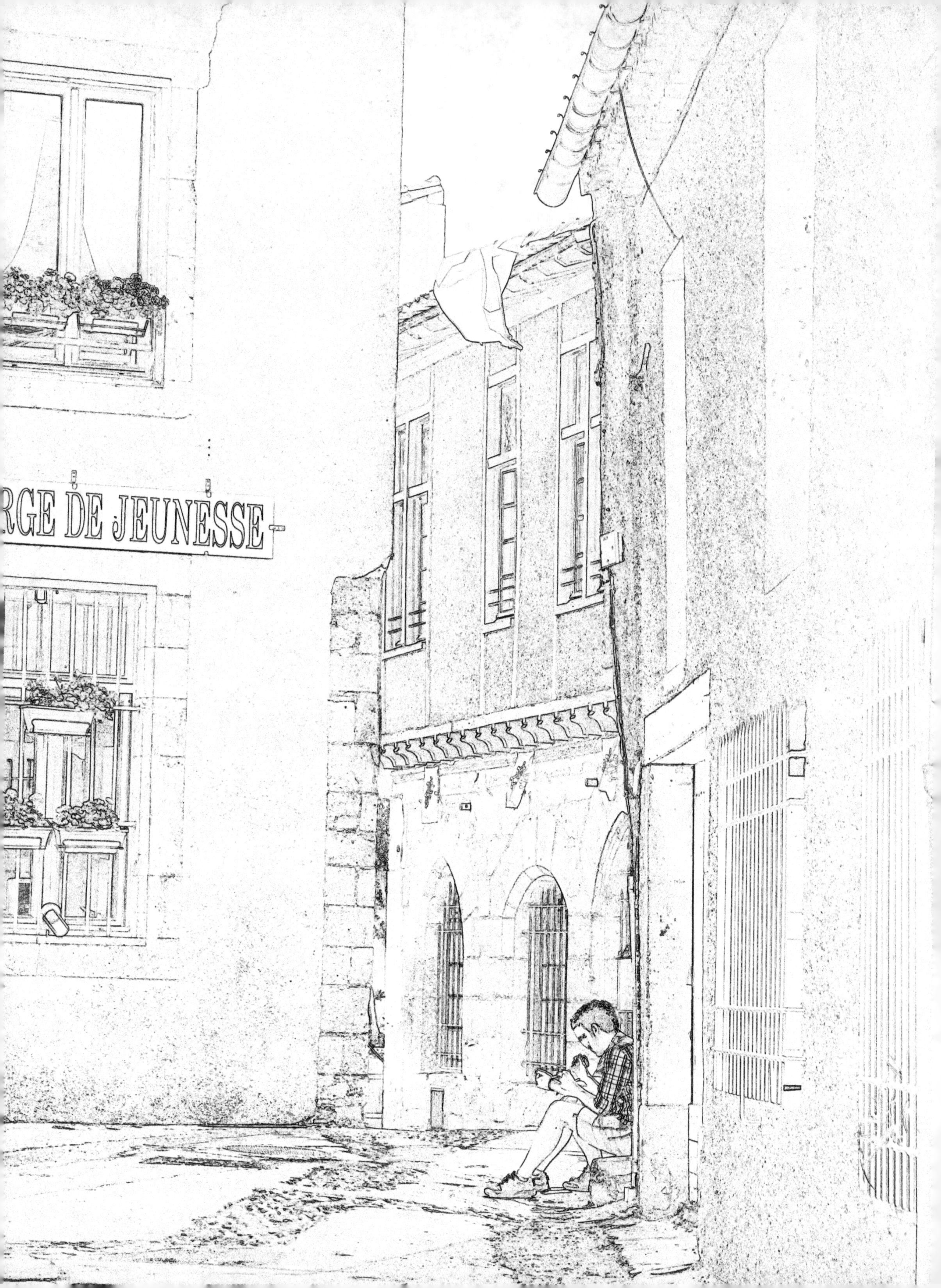
RGE DE JEUNESSE

ARCHITECTURE
INDUSTRIE

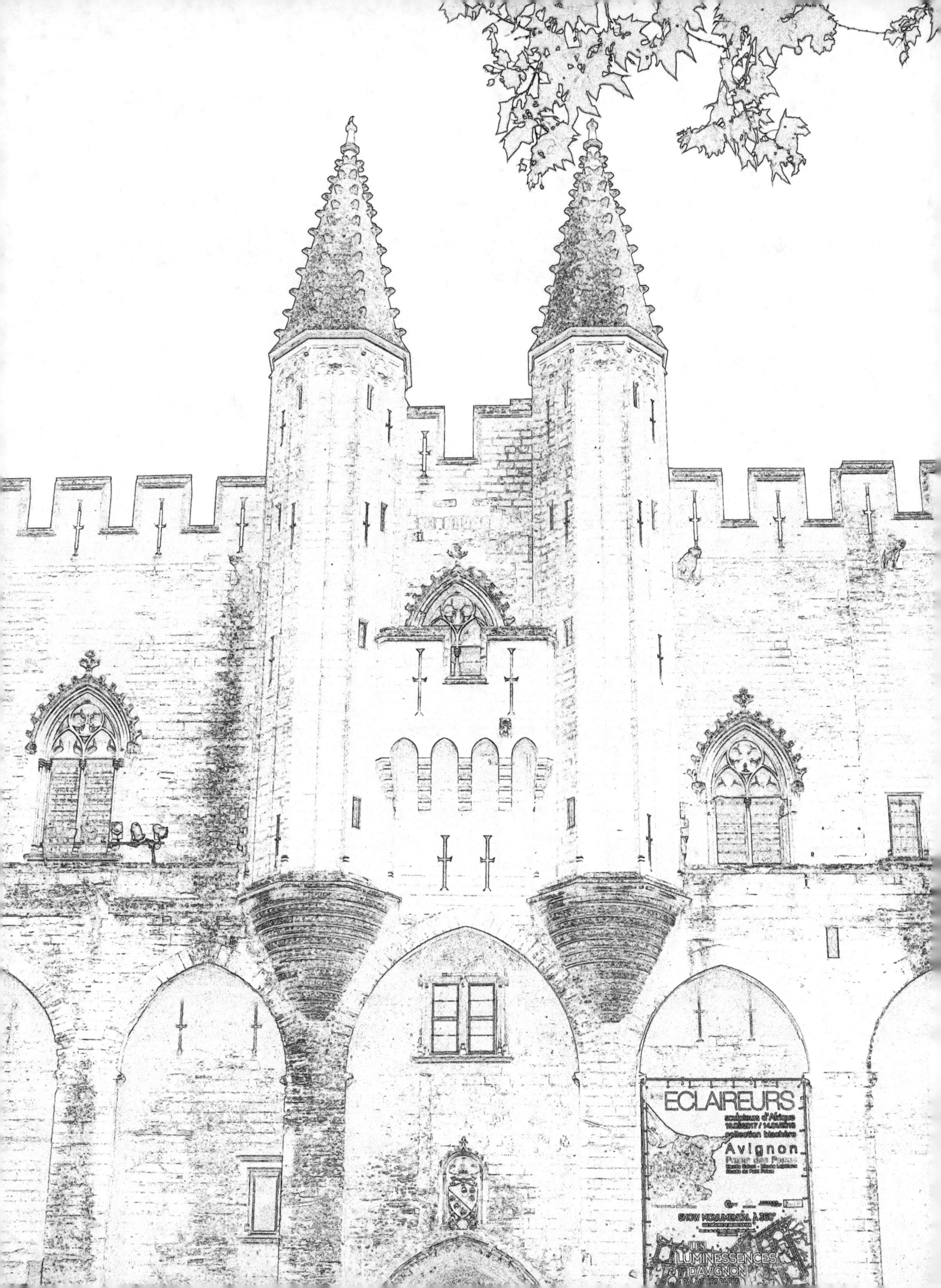
ECLAIREURS
sculpteurs d'Afrique
19.05/2017 / 14.01/2018
collection blachère
Avignon
SHOW MONUMENTAL À 360°
LES
LUMINESSENCES
D'AVIGNON
PALAIS DES PAPES

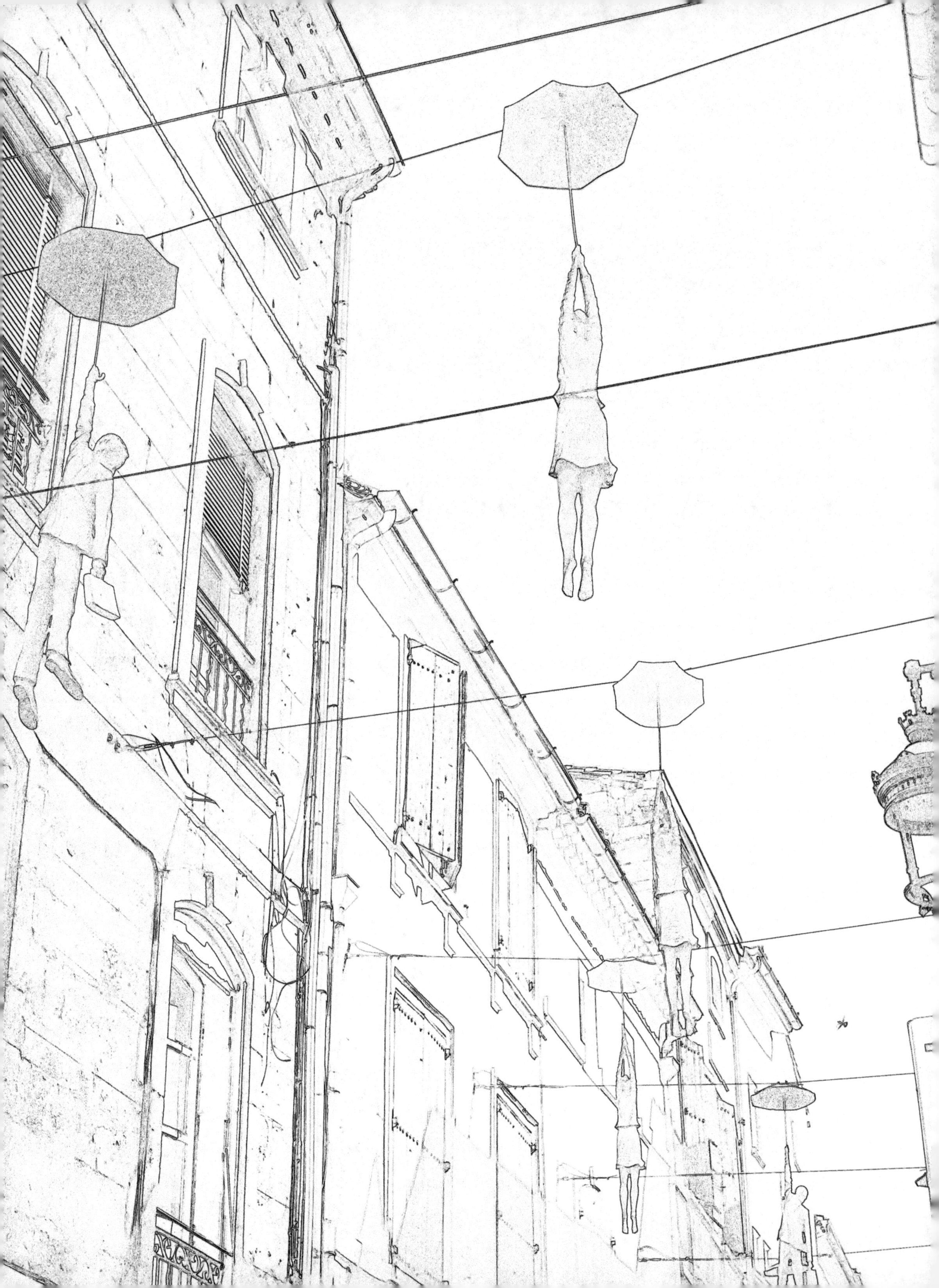

PARIS-ORLEANS
PO
PO
PO
AGEN
ALBI
ROD
Portraits
de Cézanne
13 juin > 24 sept.
Musée d'Orsay

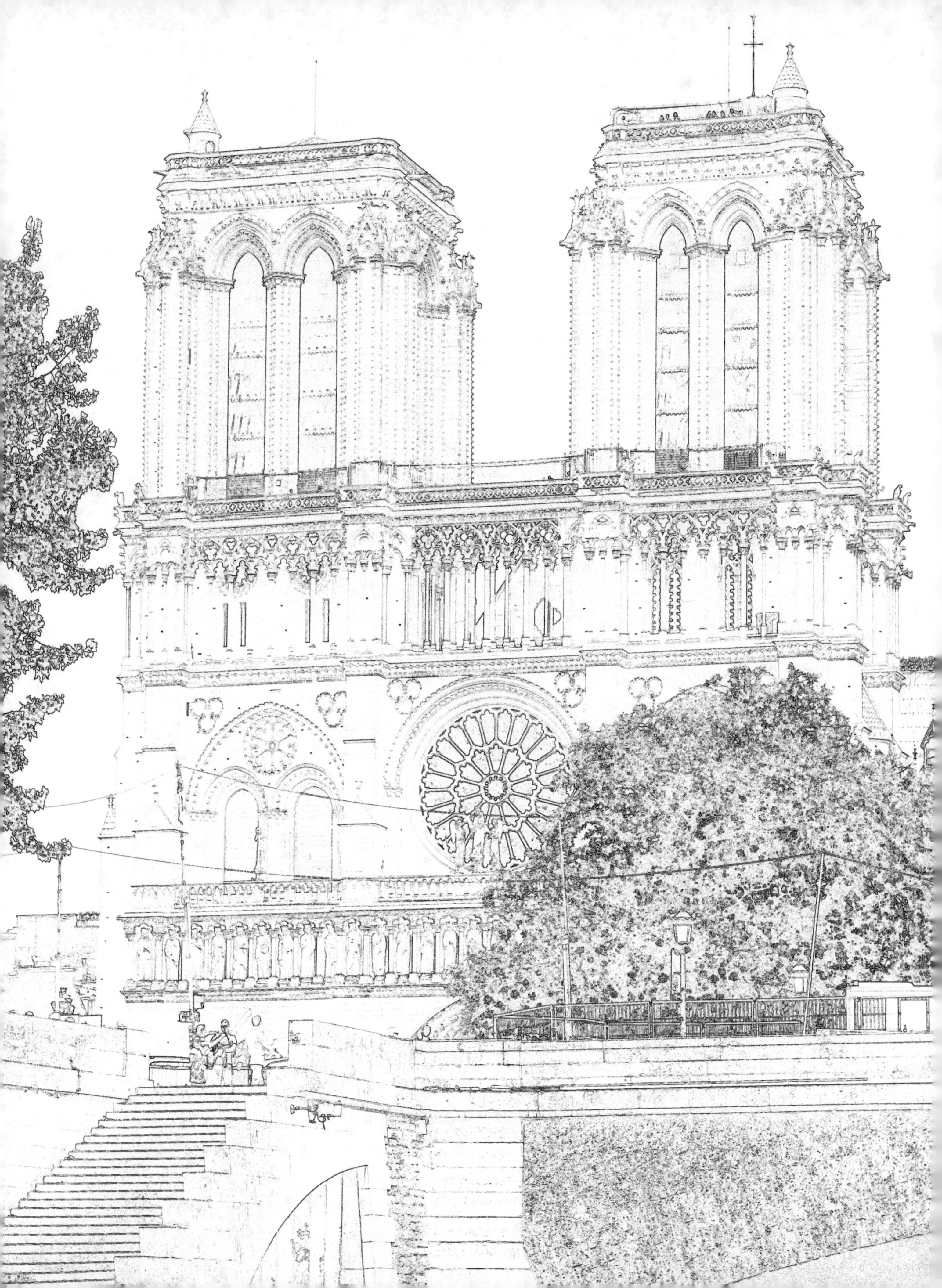

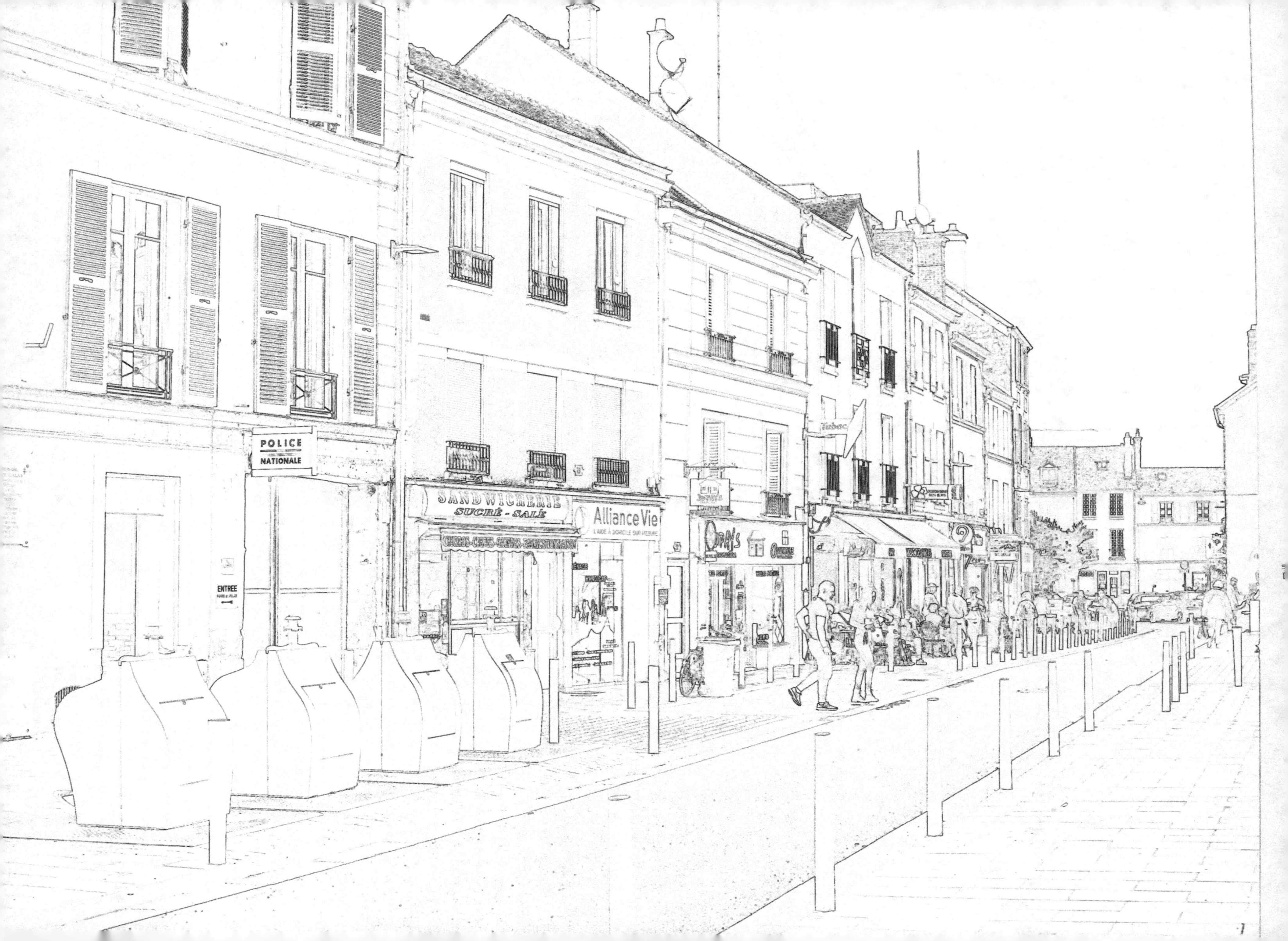
POLICE
NATIONALE
SANDWICHERIE
SUCRÉ - SALÉ
Alliance Vie
L'AIDE A DOMICILE SUR MESURE
ENTREE
Tabac

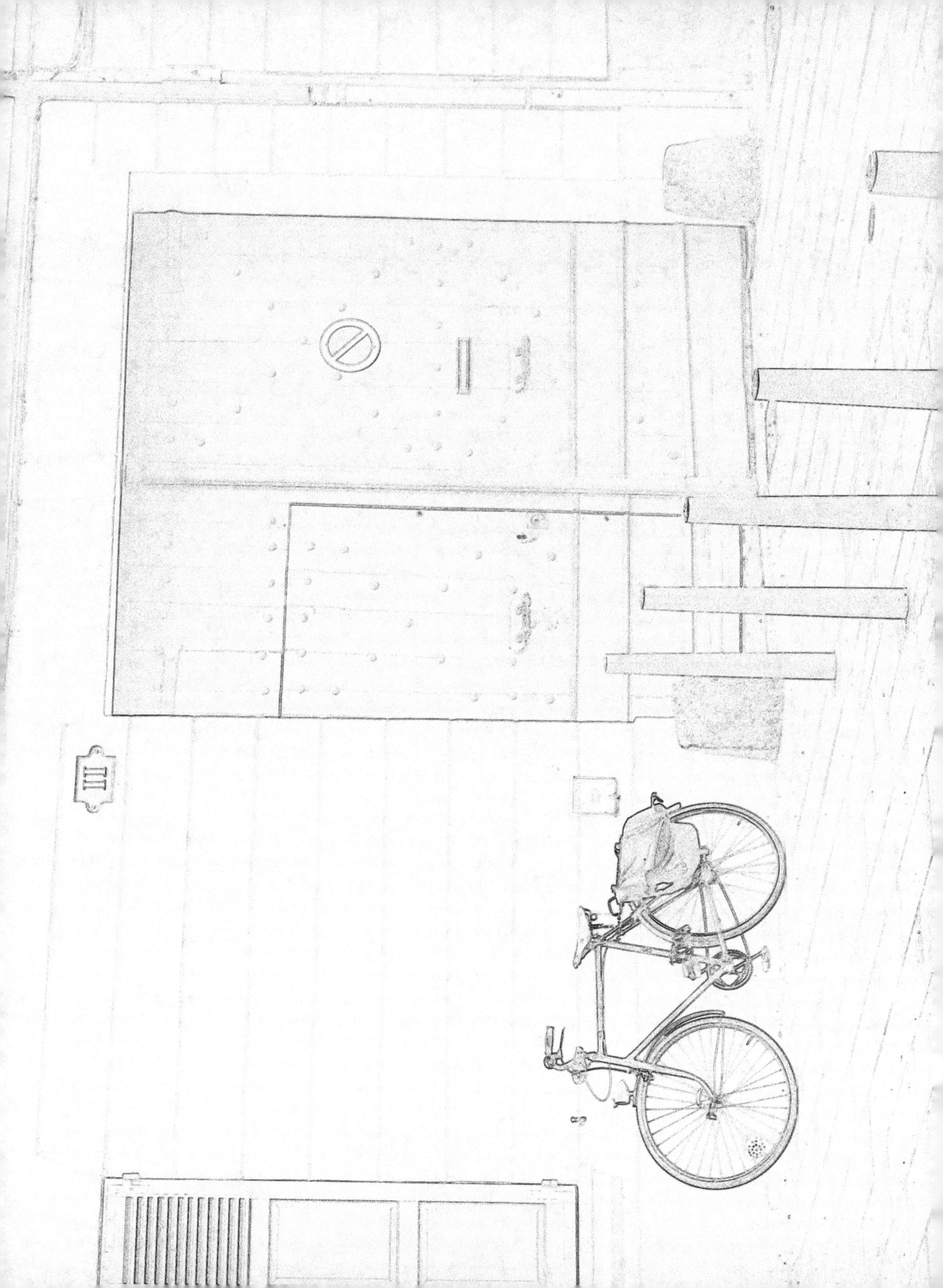
III

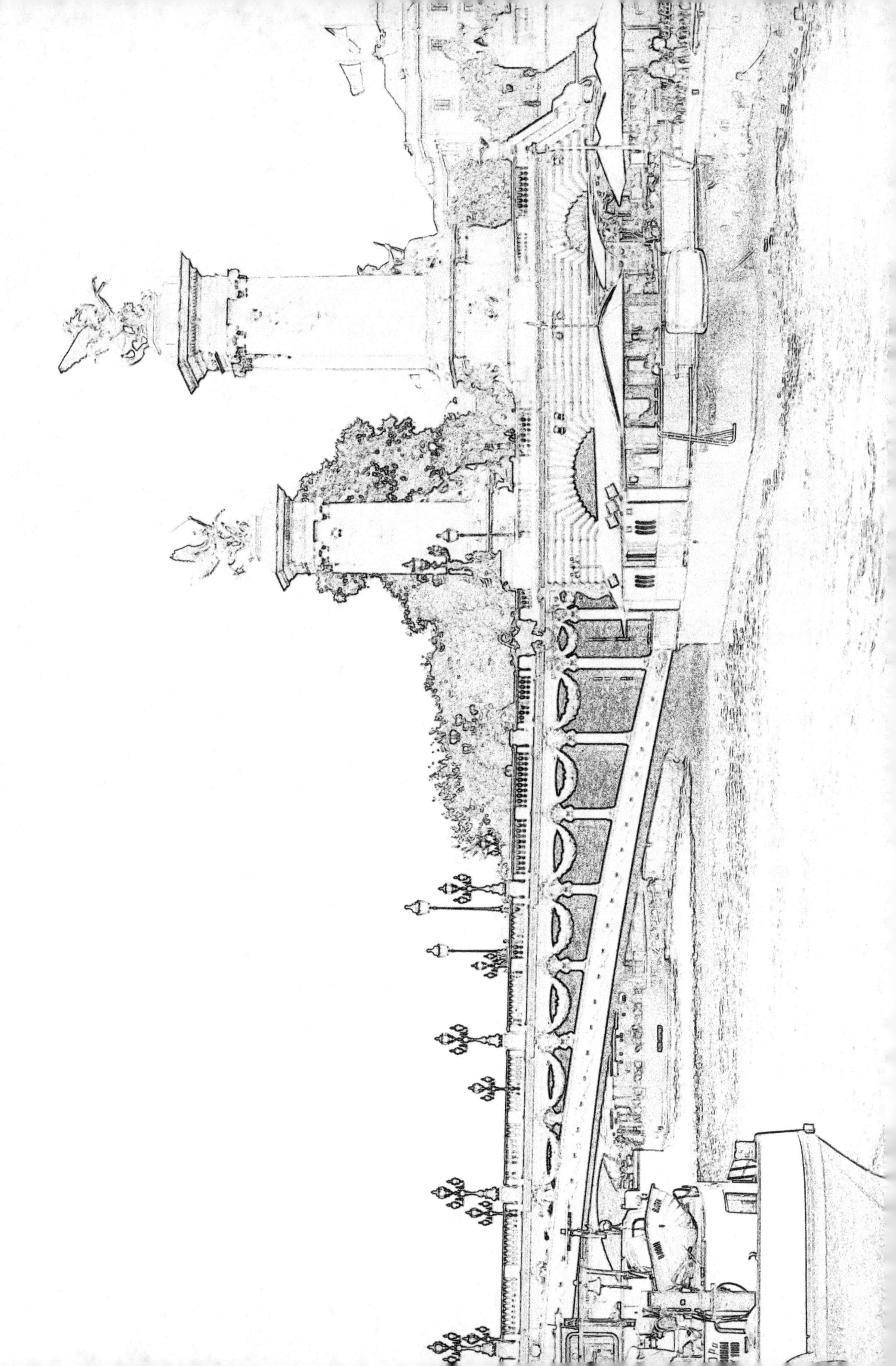

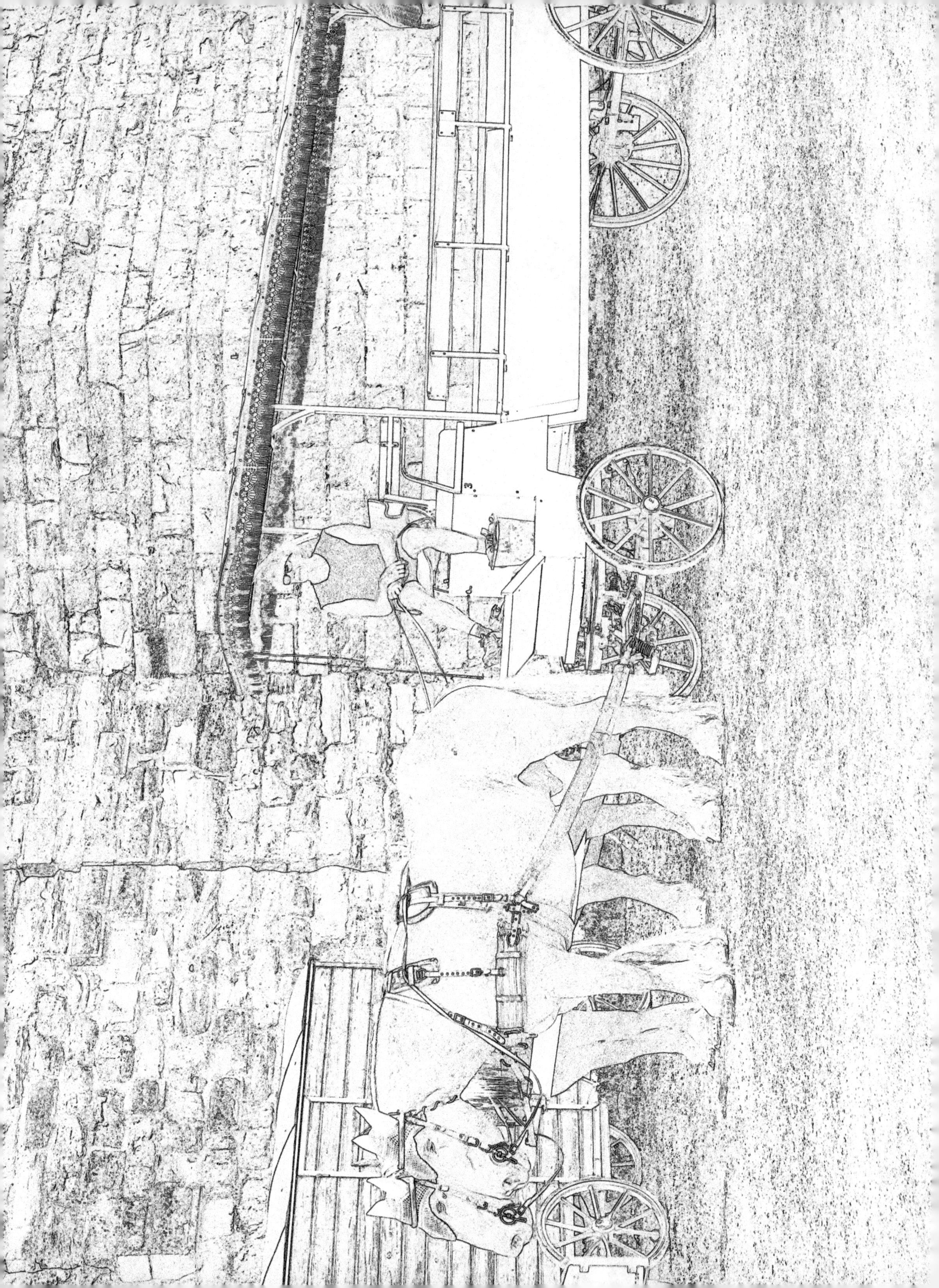

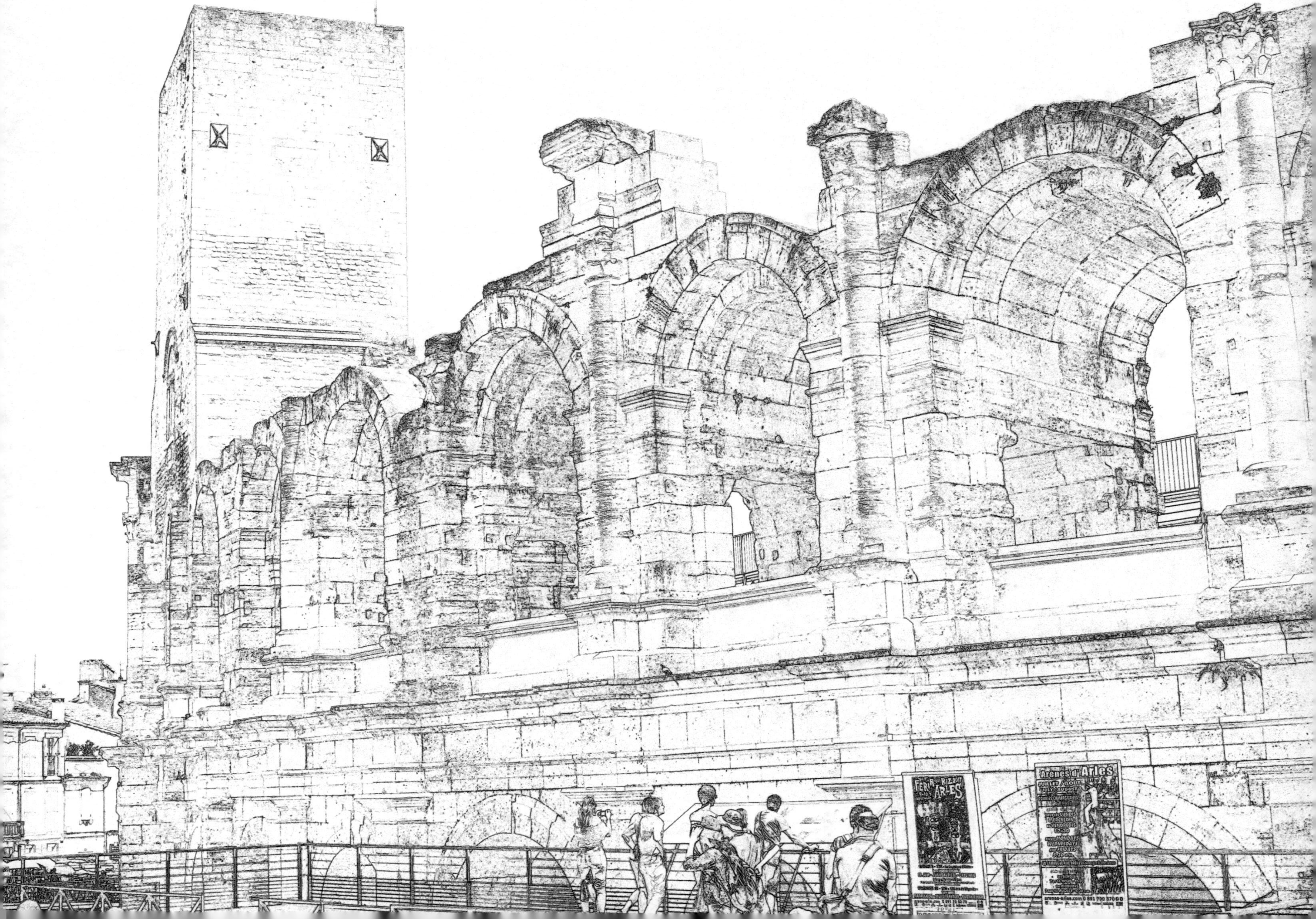
Arènes d'Arles
JUILLET / AOÛT
JULY AUGUST
ARLES

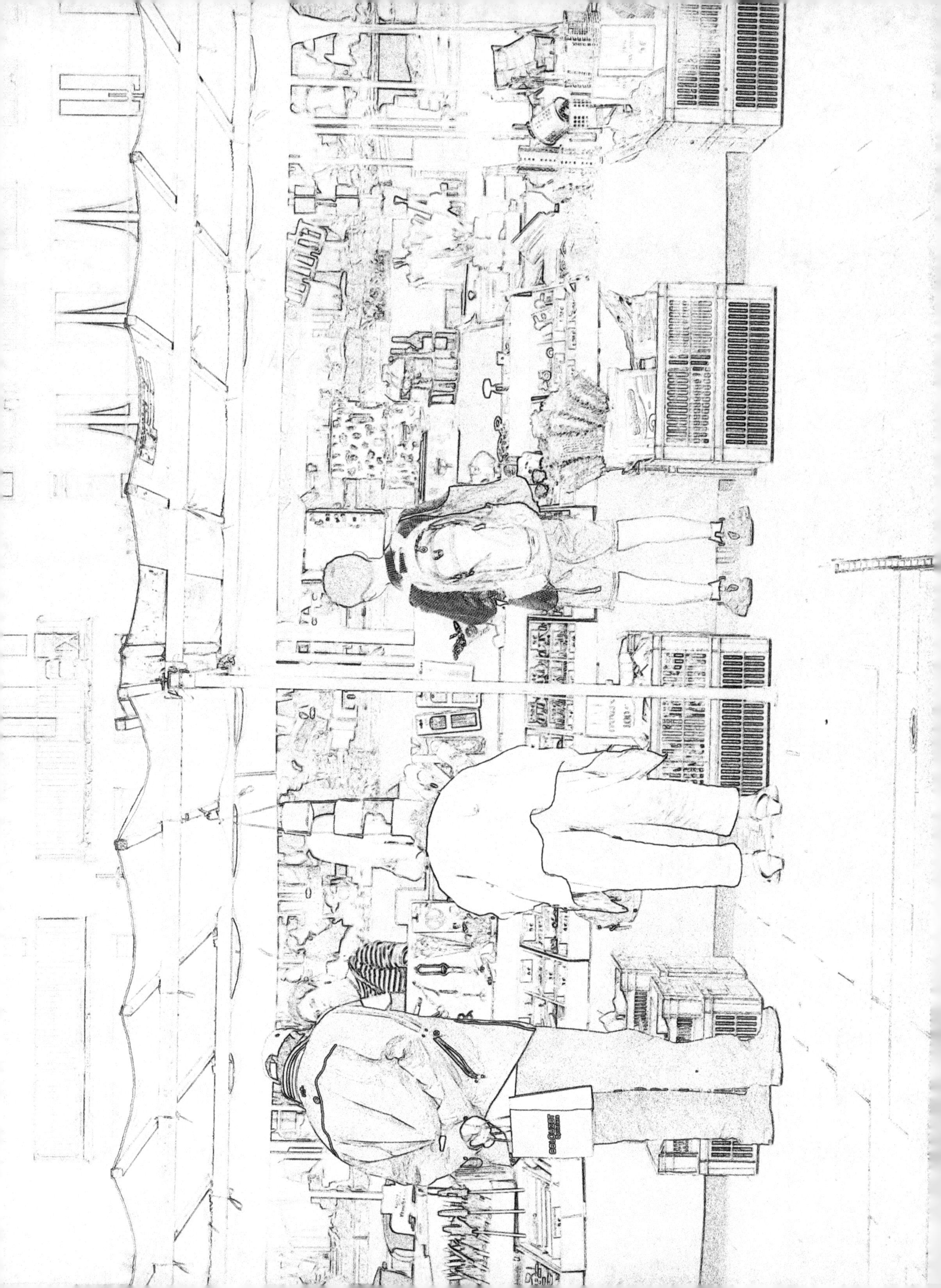

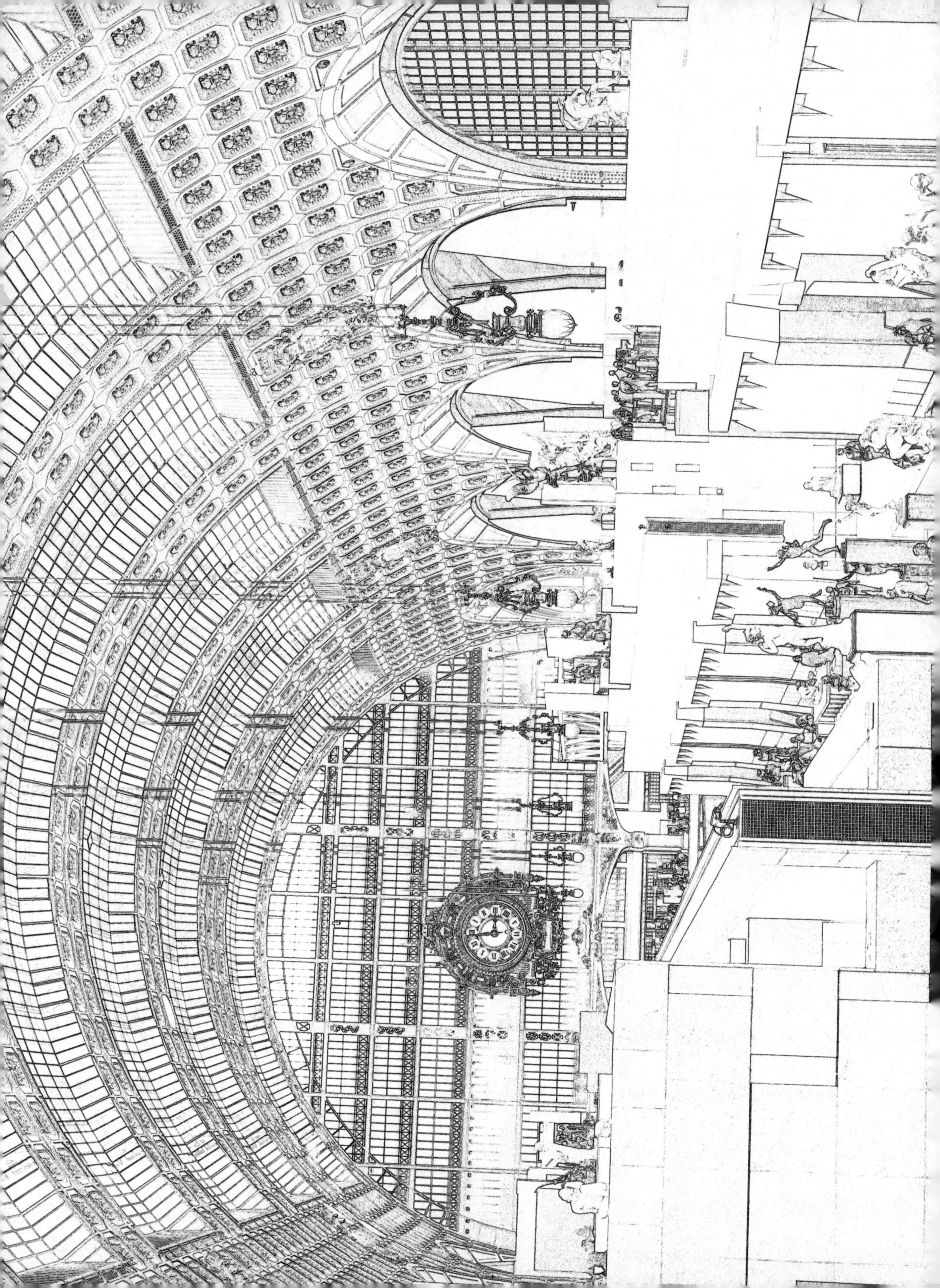

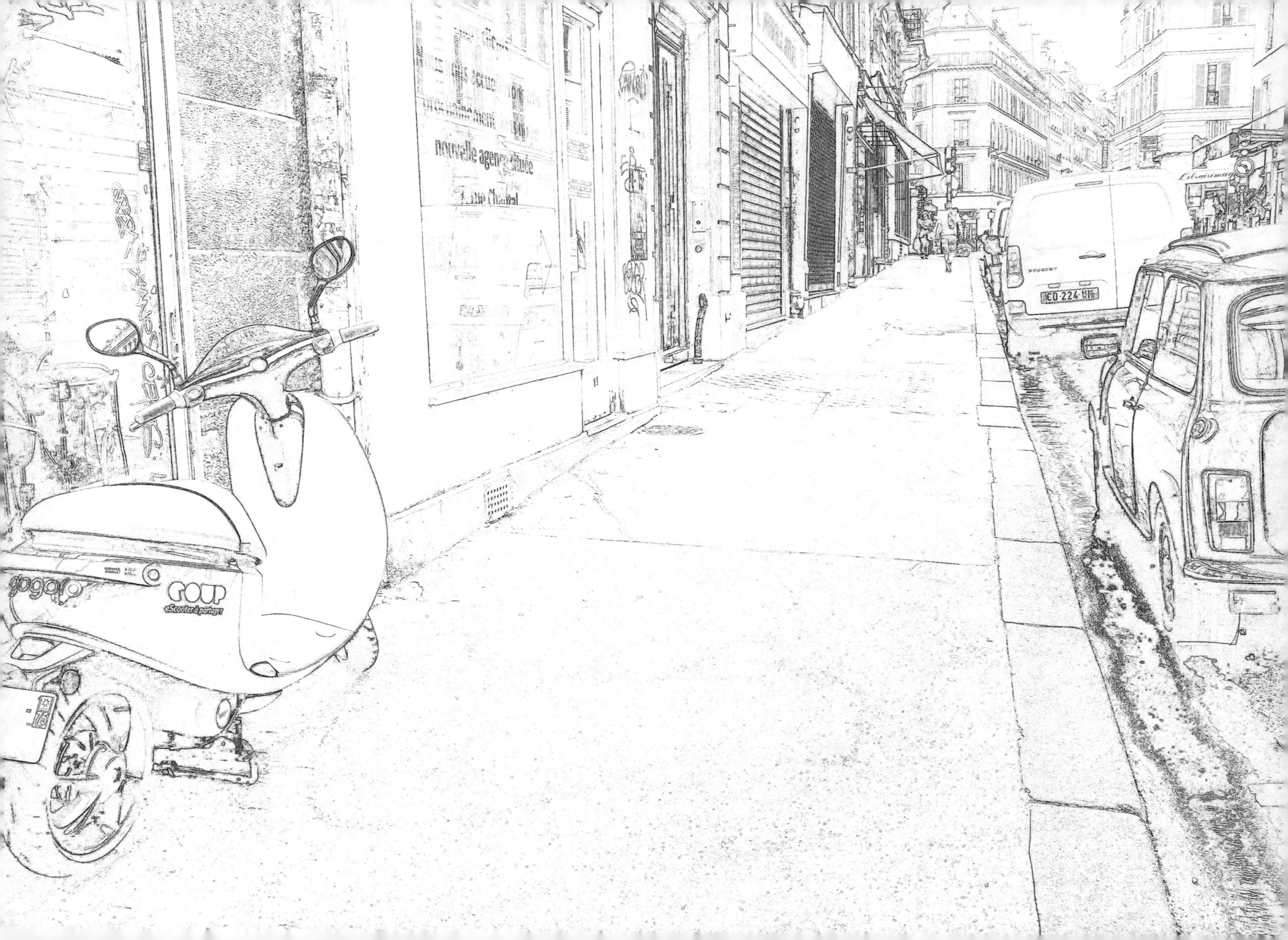
nouvelle agence située
COUP
eScooter à partager
PEUGEOT
CD-224-HH

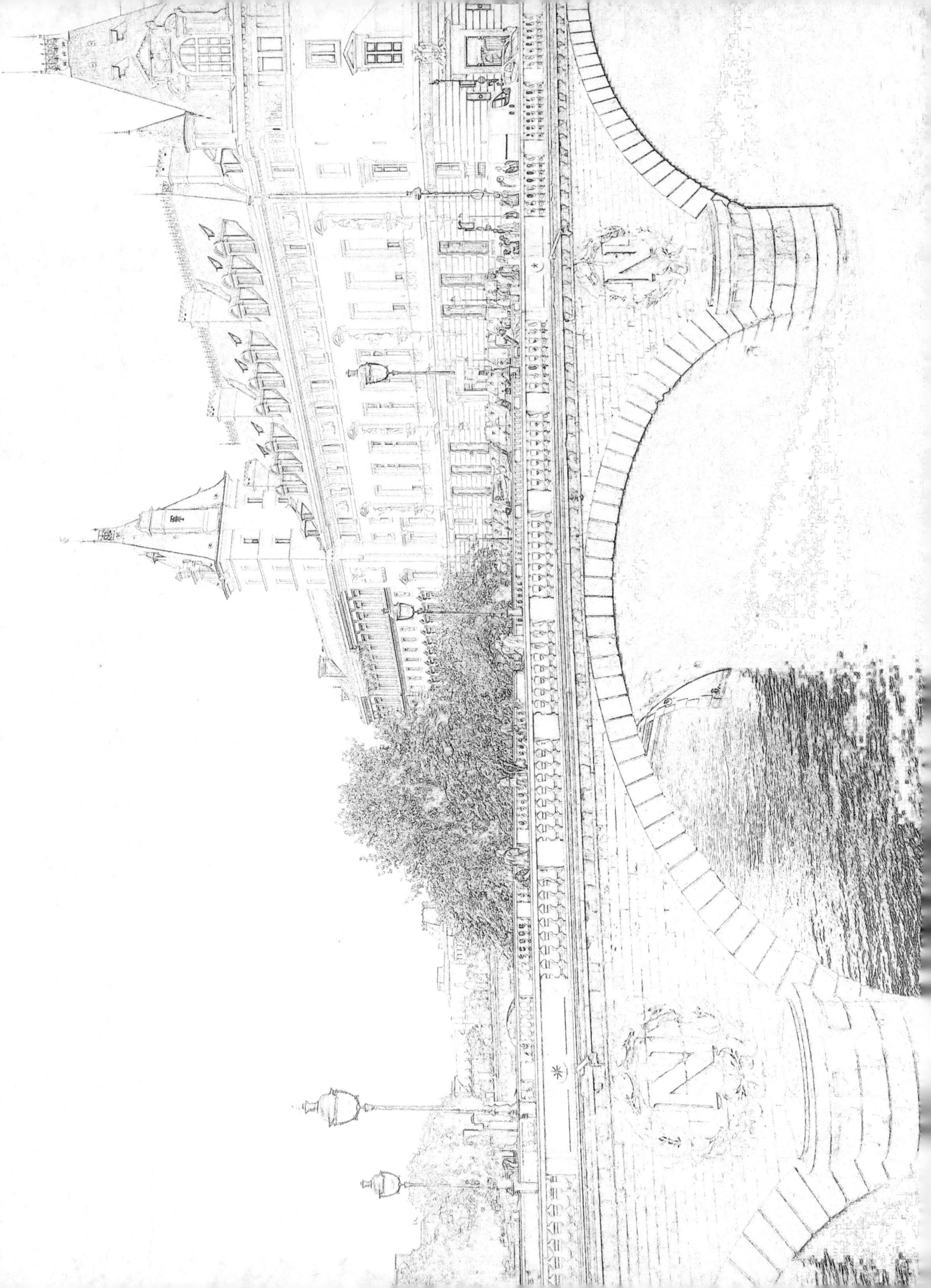

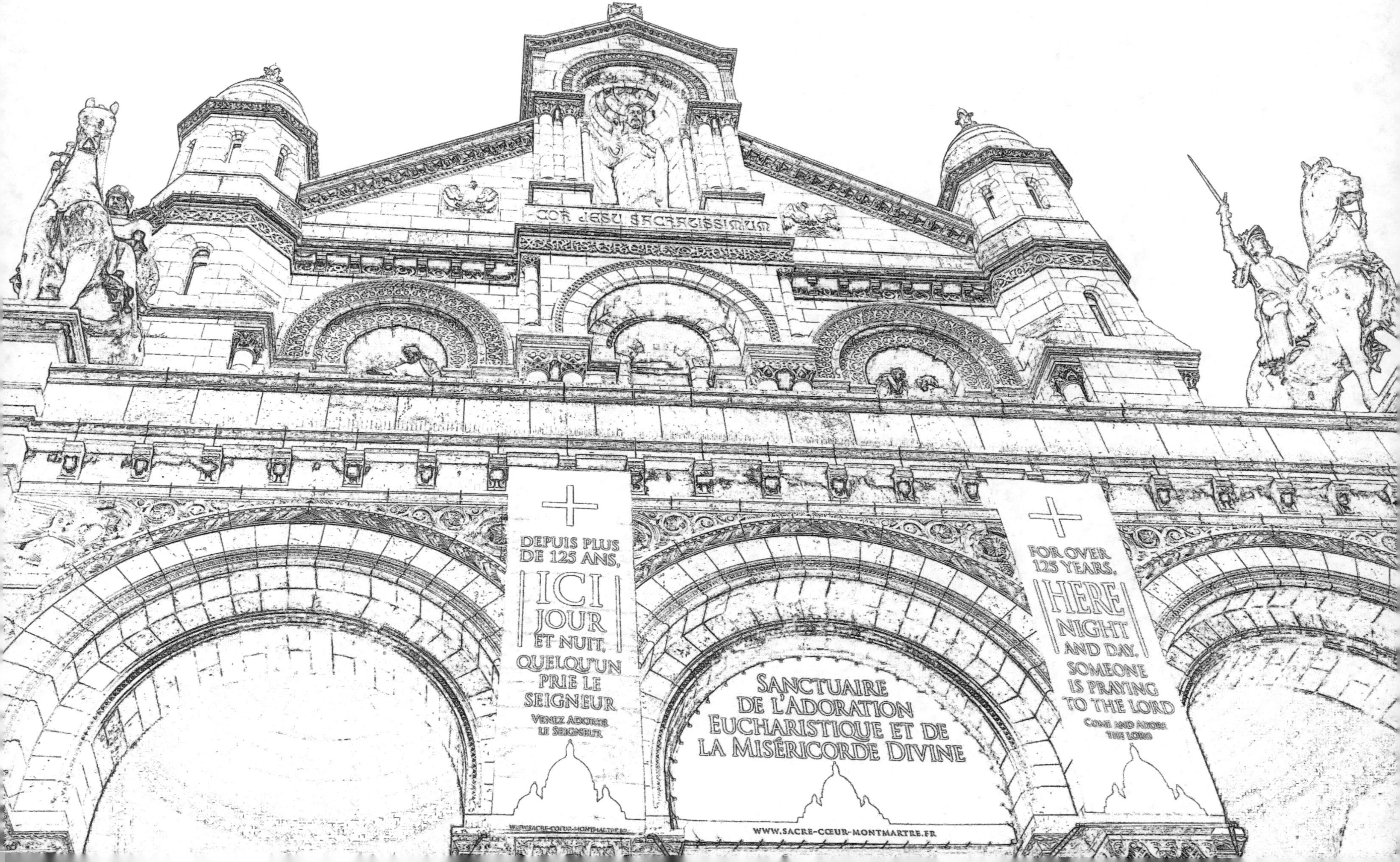
COR JESU SACRATISSIMUM
DEPUIS PLUS DE 125 ANS, ICI JOUR ET NUIT, QUELQU'UN PRIE LE SEIGNEUR
VENEZ ADORER LE SEIGNEUR
SANCTUAIRE DE L'ADORATION EUCHARISTIQUE ET DE LA MISÉRICORDE DIVINE
WWW.SACRE-COEUR-MONTMARTRE.FR
FOR OVER 125 YEARS, HERE NIGHT AND DAY, SOMEONE IS PRAYING TO THE LORD
COME AND ADORE THE LORD

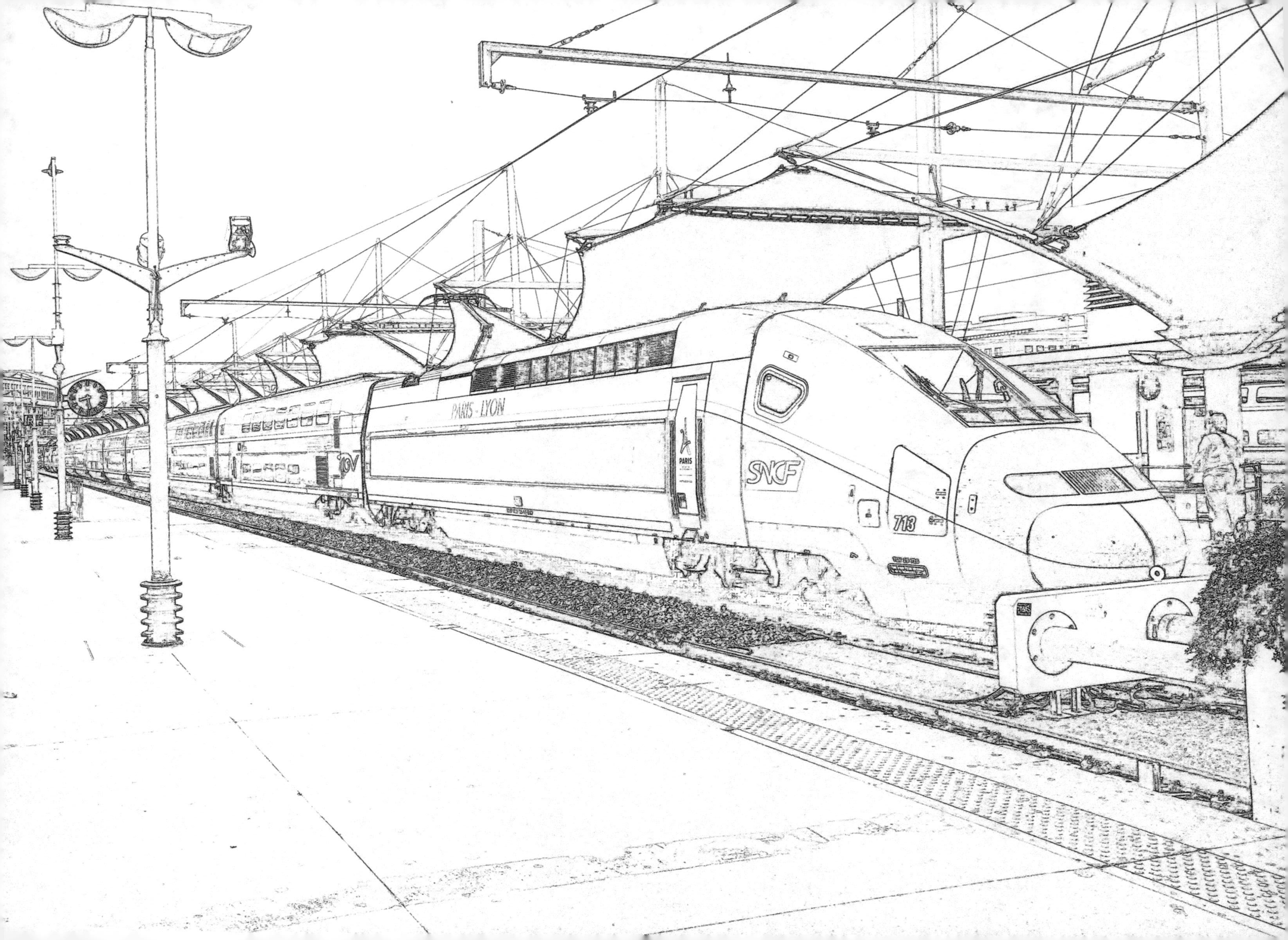
PARIS - LYON
SNCF
PARIS
713

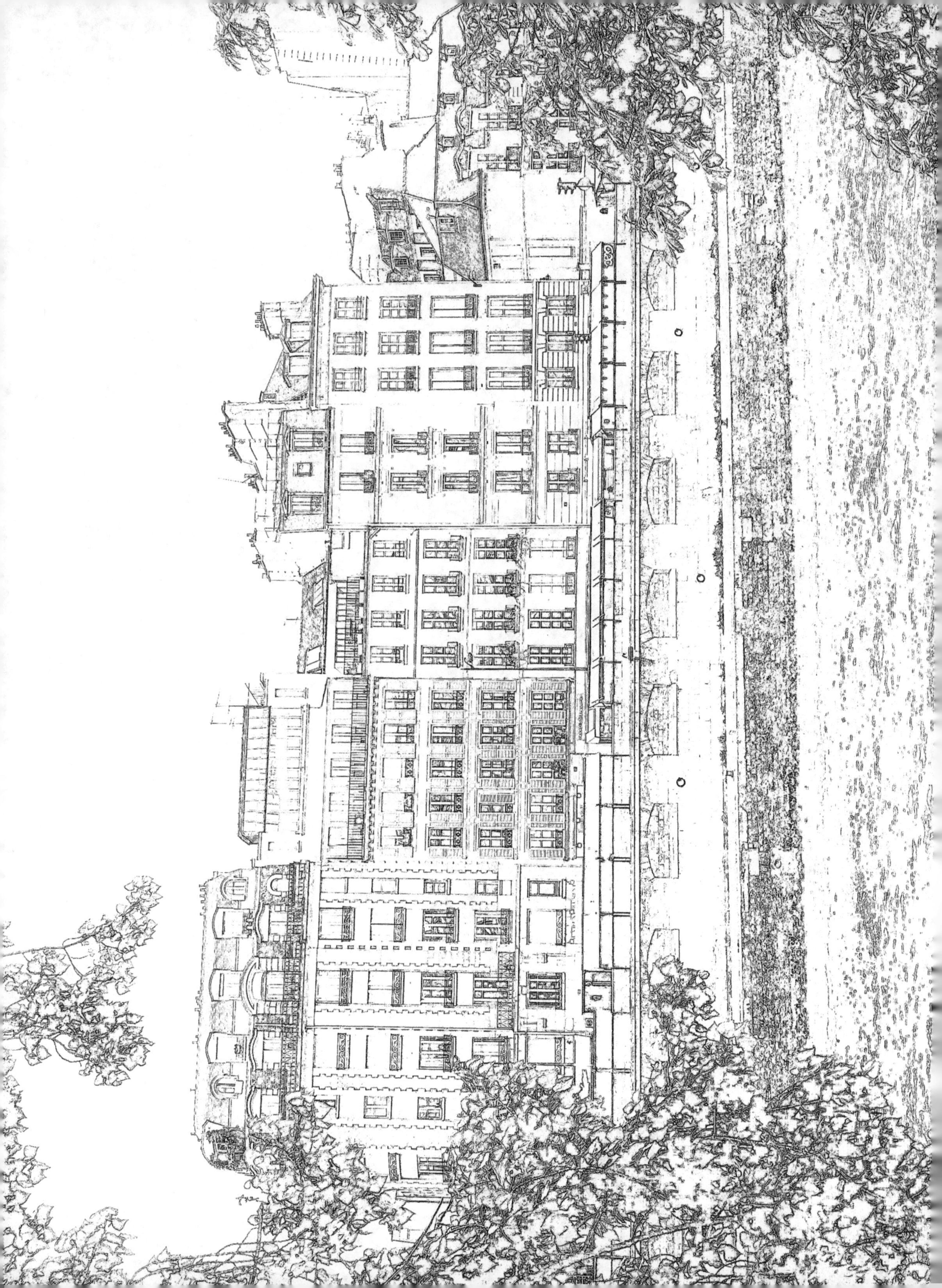

Lance Publishing Studio
Lance Derrick
lancepublish.com

www.ingramcontent.com/pod-product-compliance
Lightning Source LLC
Chambersburg PA
CBHW081620220526
45468CB00010B/2967
* 9 7 8 1 7 2 1 9 1 2 3 3 9 *